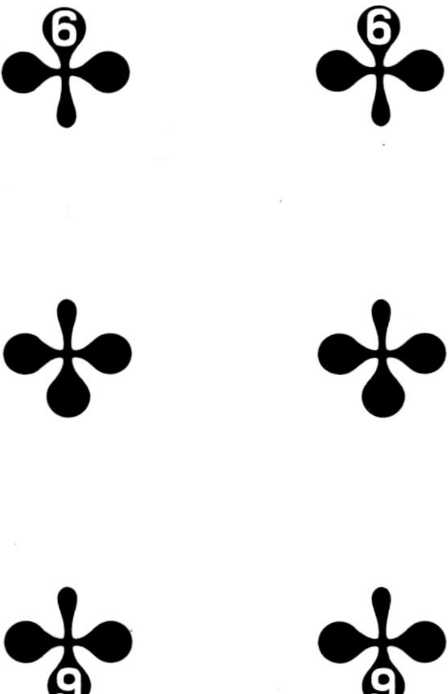
6
6
9
9

7
Traurigkeit
Kummer
Tränen
depressiv
Die echten
Altenburger
Spielkarten

Brigitte Glaser

Dein Schicksal aus den Karten

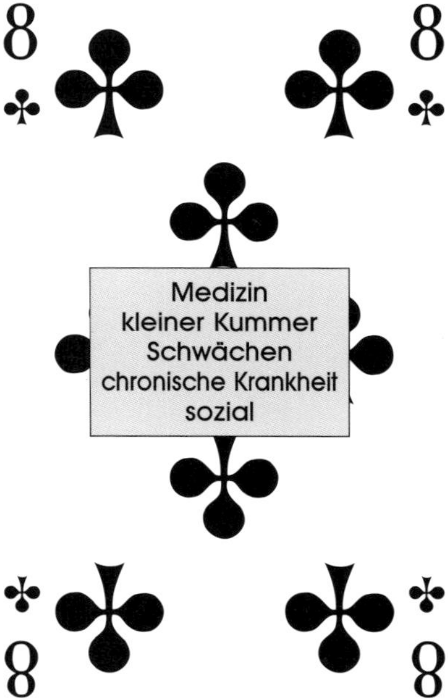
8
8
Medizin
kleiner Kummer
Schwächen
chronische Krankheit
sozial
8
8

Brigitte Glaser

Dein Schicksal aus den Karten

9
9
berechtigte Sorgen
Zweifel
misstrauisch
eifersüchtig
6
6

Brigitte Glaser

Dein Schicksal aus den Karten

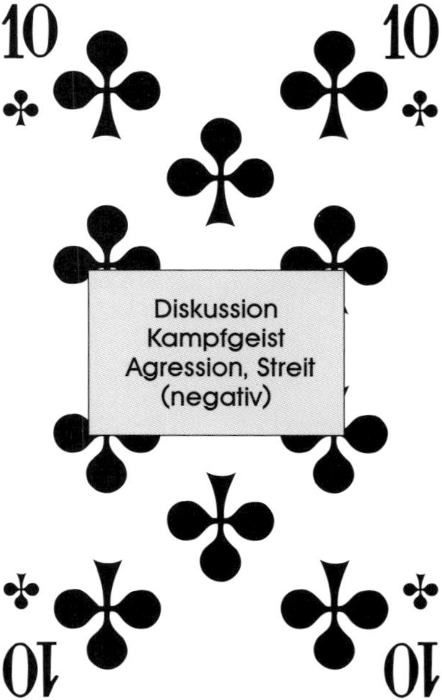
10
Diskussion
Kampfgeist
Agression, Streit
(negativ)

Brigitte Glaser

Dein Schicksal aus den Karten

B
B
Die echten
Altenburger
Spiel-
karten
Beendigung
Nichtgelingen
Esoterik
Psychologie
Zeitkarte
B
B

Brigitte Glaser

Dein Schicksal aus den Karten

D
Mutter
Schwiegermutter
ältere Partnerin
mütterlich

Brigitte Glaser

Dein Schicksal aus den Karten

K
K
K
K
Vater
Schwiegervater
älterer Partner
väterlich

Brigitte Glaser

Dein Schicksal aus den Karten

A A

Medizin
Krankheit
Leid
sozial
labil

A A

Brigitte Glaser

Dein Schicksal aus den Karten

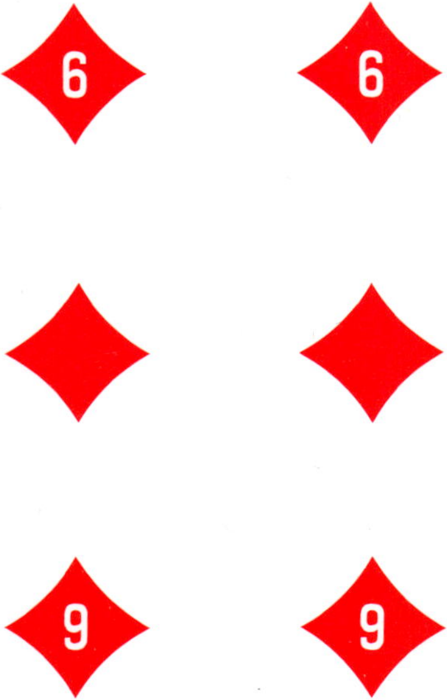
6
6
9
9

7

®

Arbeit
Job
beständig
zuverlässig

KARO
ges. gesch.

Brigitte Glaser

Dein Schicksal aus den Karten

8 8

Arbeit
Schule
engagiert
aktiv

8 8

Brigitte Glaser

Dein Schicksal aus den Karten

9
9
Ideale
ideelle Verbindung
6
6

Brigitte Glaser

Dein Schicksal aus den Karten

10
10
Geschenk
Eigentum
Medien, Kunst,
Bank
(im Beruf)

Brigitte Glaser

Dein Schicksal aus den Karten

B
Glück
guter Ausgang
Ersatz - Kind
B

Brigitte Glaser

Dein Schicksal aus den Karten

D
D
Selbständige
Kollegin
Freizeitpartnerin
(Internet-Bekanntschaft)
Nachbarin

Brigitte Glaser

Dein Schicksal aus den Karten

K
K
Selbständiger
Kollege
Freizeitpartner
(Internet-Bekanntschaft)
Nachbar

Brigitte Glaser

Dein Schicksal aus den Karten

A

Selbständigkeit
gehobener Beruf
Studium
erfolgreich

Brigitte Glaser

Dein Schicksal aus den Karten

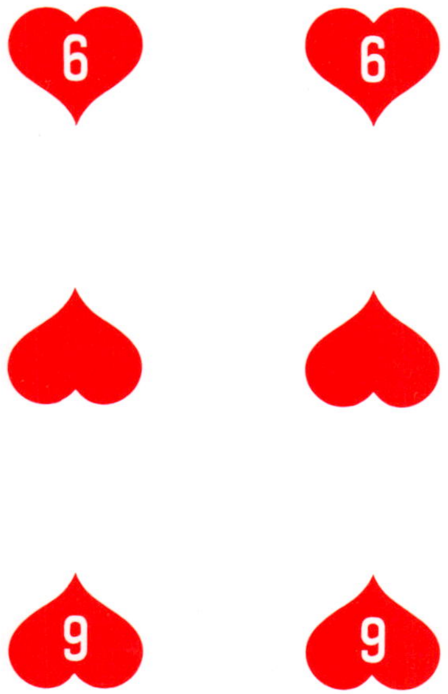
6
6
9
9

7

Betrug
Unehrlichkeit
Heimlichkeit
misstrauisch

ASS
Altenburger

7

Brigitte Glaser

Dein Schicksal aus den Karten

8
8
Harmonie
guter Ausgang
harmoniebedürftig
8
8

Brigitte Glaser

Dein Schicksal aus den Karten

9
9
Liebe
liebevoll
gefühlsbetont
6
6

Brigitte Glaser

Dein Schicksal aus den Karten

10
Ehe, Partnerschaft
Festigkeit im Beruf
(unkündbar)
10

Brigitte Glaser

Dein Schicksal aus den Karten

B
B
jüngstes Kind
junger Partner
Ersatz - Tier
kindlich
B
B

Brigitte Glaser

Dein Schicksal aus den Karten

D
D
weibliche
Hauptperson
Geliebte

Brigitte Glaser

Dein Schicksal aus den Karten

K
K
männliche
Hauptperson
Geliebter

Brigitte Glaser

Dein Schicksal aus den Karten

A

Haus
Familie
Familienbetrieb
(mit Karo Ass)
häuslich

Brigitte Glaser

Dein Schicksal aus den Karten

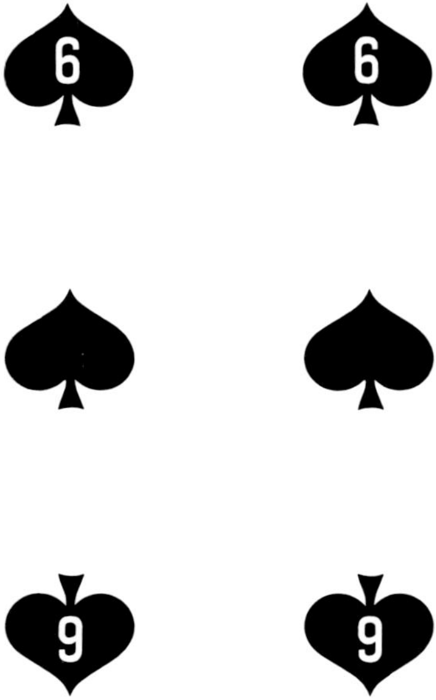
6
6
9
9

Erwartung
Warnung
vor einer Sache
ängstlich

Brigitte Glaser

Dein Schicksal aus den Karten

kleine Veränderung
kurze Reise
Umzug
Nachricht

Brigitte Glaser

Dein Schicksal aus den Karten

9
9
6
6
Sorglosigkeit
verantwortungslos
labil
(negativ)

Brigitte Glaser

Dein Schicksal aus den Karten

10
10
große Veränderung
Umbruch
Ausland
Reisen
Verkehrsmittel
10
10

Brigitte Glaser

Dein Schicksal aus den Karten

B
Sohn
jungenhafter Mann
Ersatz - Tier
(männlich)

Brigitte Glaser

Dein Schicksal aus den Karten

D
D
Noch- Ehefrau
Ex-Partnerin
gute Freundin
Tochter
Schwester

Brigitte Glaser

Dein Schicksal aus den Karten

Noch-Ehemann
Ex-Partner
guter Freund
Bruder

Brigitte Glaser

Dein Schicksal aus den Karten

Amt, Gericht
Behörde
Verträge
Prüfung

Brigitte Glaser

Dein Schicksal aus den Karten

Kontakt:

Brigitte Glaser

Eisenacher Str. 5
53117 Bonn
Telefon 02 28 - 67 69 69
brigla@aol.com
www.reiki-zentrum-bonn.de

Dein Schicksal aus den Karten

Wahid Sarwar

Belderberg 15 · 53113 Bonn
Telefon 0228- 61 11 14
Moibil 0177- 24 29 801
w_sarwar@arcor.de

Grafik & Gestaltung:

Lebenshilfe durch Karten

32 Skatkarten mit Text,
passend zum Buch

„Dein Schicksal aus den Karten“

Brigitte Glaser

ISBN 3-89539-909-4